BEI GRIN MACHT SICH IHR
WISSEN BEZAHLT

- Wir veröffentlichen Ihre Hausarbeit,
  Bachelor- und Masterarbeit

- Ihr eigenes eBook und Buch -
  weltweit in allen wichtigen Shops

- Verdienen Sie an jedem Verkauf

Jetzt bei www.GRIN.com hochladen und kostenlos publizieren

Teamführung, Konfliktmanagement und Workshops

Relevanz und Aufgabenbereiche für Führungskräfte

Sascha Heller

Bibliografische Information der Deutschen Nationalbibliothek:

Die Deutsche Nationalbibliothek verzeichnet diese Publikation in der Deutschen Nationalbibliografie; detaillierte bibliografische Daten sind im Internet über http://dnb.d-nb.de abrufbar.

ISBN: 9783346222435
Dieses Buch ist auch als E-Book erhältlich.

© GRIN Publishing GmbH
Nymphenburger Straße 86
80636 München

Alle Rechte vorbehalten

Druck und Bindung: Books on Demand GmbH, Norderstedt Germany
Gedruckt auf säurefreiem Papier aus verantwortungsvollen Quellen

Das vorliegende Werk wurde sorgfältig erarbeitet. Dennoch übernehmen Autoren und Verlag für die Richtigkeit von Angaben, Hinweisen, Links und Ratschlägen sowie eventuelle Druckfehler keine Haftung.

Das Buch bei GRIN: https://www.grin.com/document/909377

Einsendeaufgabe

Alternative A

Teamführung, Konfliktmanagement und Workshops

Modul: Kommunikation und Führung
Studiengang: Wirtschaftspsychologie

Von
Sascha Heller

Inhalt

3

Abbildungsverzeichnis

1 Virtuelle Teams

In der Arbeitswelt werden in einigen Bereichen Teams eingesetzt, um eine höhere Produktivität zu erreichen. In früheren Zeiten waren die Teams meist auf einen Standort oder auf ein Land limitiert. Heutzutage sind Teams nicht mehr auf Länder beschränkt und so kommen Teams aus verschiedensten Ländern und Kulturen zusammen, um gemeinsam zu arbeiten. Durch verschiedenste IT-Lösungen ist es möglich, diese Teams online als virtuelle Teams zusammen zu stellen. Im Folgenden wird zunächst die Relevanz solcher Teams erläutert. Danach soll gezeigt werden, wie man solche Teams aufbaut und führt. Anschließend werden diese virtuellen Teams mit den herkömmlichen in Vergleich gesetzt.

1.1 Relevanz von virtuellen Teams in der heutigen Arbeitswelt

Die Arbeitswelt hat sich in den letzten Jahren stark gewandelt. Man trifft häufig auf Personen, denen es erlaubt ist, im Home-Office zu arbeiten. Dies trifft schon lange nicht mehr nur auf Mütter zu, sondern auch auf die Mitarbeiter in virtuellen Teams.
Durch ein virtuelles Team ist ein Unternehmen in der Lage, Expertenwissen auf der ganzen Welt in einem Team, unabhängig von ihrem Standort, zu vereinen. Dadurch entstehen verschiedene Wettbewerbsvorteile. Zum einen wäre da der erhöhte Wissensstand des Teams, aber auch die Reduzierung von Kosten (z. B. Reisekosten, Miet- und Nebenkosten) ist ein wichtiger Faktor. Zudem können Kunden durch die Zeitverschiebung rund um die Uhr betreut werden. (Fajen 2018, S. 3) Durch die Standortunabhänigkeit der Mitarbeiter wird die Flexibilität, Einsatzbereitschaft und Zufriedenheit gesteigert. Auch der Fachkräftemangel hat dabei eine gewisse Relevanz. So kann das Angebot eines Home-Office den Arbeitgeber attraktiver machen und dazu führen das Commitment zu steigern. (Fajen 2018, S. 3)

1.2 Beziehungen von Teammitgliedern aufbauen

Der Aufbau eines Teams, speziell eines virtuellen Teams, kann unter anderem sehr müh-
selig sein. Ist dies jedoch geschafft, geht es darum, eine Beziehung unter den Teammitglieder zu knüpfen und auszubauen.

1.2.1 Vertrauen schaffen

Ein häufiges Problem bei virtuellen Teams sind die Teambeziehungen. Dieses Problem
resultiert vor allem durch die räumliche Trennung der einzelnen Teammitglieder. (Fajen
2018, S. 270–271) Zunächst sollte das Vertrauen zwischen den Teammitgliedern und dem
Teamführer ausgebaut werden. Dies kann zu Beginn durch ein persönliches Gespräch
erzielt werden. Die Führungskraft redet mit jedem Teammitglied sowohl über berufliche
als auch über private Themen. In der ersten Phase sollten sich die Teammitglieder mit
dem führenden Angestellten und möglichst einem Moderator treffen, um sich beruflich
und privat kennen zu lernen. (Fajen 2018, S. 302)

Um nun Vertrauen unter den Teammitgliedern aufzubauen, ist ein offener und ehrlicher
Umgang notwendig. Hierbei werden u. a. offen Probleme angesprochen und Kritik ein-
geholt. Zudem ist es wichtig, dass die Führungskraft den Teammitgliedern Zeit zugesteht,
dass diese auch private Gespräche führen können. (Fajen 2018, S. 303) Dies kann durch
feste Kommunikationsrythmen, sowie durch gelegentliche Face-to-Face-Treffen ermöglicht werden. Ein Austausch durch Bild- und Tonmedien ist regelmäßig anzuraten, da
hierbei durch non- und paraverbale Kommunikation auch Emotionen ausgetauscht werden können. (Fajen 2018, S. 304)

1.2.2 Feedback und Kontrolle

Innerhalb von virtuellen Teams geht die Feedbackkultur über die normalen Teams hinaus.
Die Rückmeldungen sollten in den Arbeitsalltag einfließen, um offen sowohl gelungene
Leistungen als auch Fehler zu kommunizieren. Dabei sollte der Teamleader seine Mitar-
beiter stetig aufs Neue motivieren, um die geforderte Motivation aufrecht zu erhalten.

6

Dabei sollte Lob öffentlich sein, Kritik jedoch persönlich besprochen werden. (Arenberg 2016, S. 57)

1.2.3 Teammotivation generieren

Motiviert wird man häufig durch Erfolge und Siege. Daher ist es wichtig, sowohl große als auch kleine Leistungen vom Teamleader innerhalb des Unternehmens darzustellen. Dadurch fühlt sich sein Team wertgeschätzt. Auch die Teammitglieder können ihre Ergebnisse im Unternehmen oder auch außerhalb präsentieren und sich so ihre „Lorbeeren" abholen. Dies führt sowohl zu einer transparenten Arbeitsweise als auch zu einer Motivationssteigerung. (Arenberg 2016, S. 57)

1.3 Führung von Teams

Eine Führungskraft hat verschiedene Aufgaben. Dazu gehört es u. a. Dinge zu fördern wie die Motivierung, den Intellekt und die Entwicklung der einzelnen Teammitglieder. Zu erwähnen wäre auch seine Vorbildfunktion, die authentisch dargestellt werden muss. (Lauer 2019, S. 94)

1.3.1 Führung von „normalen" Teams

Zunächst muss die Führungskraft dafür sorgen, dass der Teamfrieden gewahrt wird. Dies kann durch Förderung der Leistungen geschehen oder durch das Anregen fachlicher Diskussionen. Der Teamleader sollte wegen sein Vorbildsfunktion auch in Sachen Kritik und Konflikte mit einem guten Beispiel voran gehen.

Die Zielorientierung sollte durch den Teamleader durch frühzeitige Zielvereinbarungen gefördert werden. Dazu gehört auch das Unterbinden von Alleingängen und das Etablieren von Kennzahlen zur Zielerreichung. Die Teammitglieder sollten sich ihrer gegenseitigen Abhängigkeit bewusstwerden. Dies erreicht der Teamleader durch das Schaffen von

Transparenz, das Gewähren von Belohnungen sowie der Etablierung von Verhaltensstandards. (Stock-Homburg und Groß 2019, S. 619–620)

1.3.2 Führung von virtuellen Teams

Die Aufgaben einer Führungskraft virtueller Teams sind sehr umfangreich. Der Anführer muss die Fähigkeit haben, das Vertrauen seiner Teammitglieder zu gewinnen und auch das der Mitglieder untereinander aufzubauen. Eine effektive Kommunikation ist gerade bei virtuellen Teams besonders wichtig und sollte von dem Teamleader stets gefördert werden. Auch die Weiterbildung seiner Mitglieder sollte stets gefördert und belohnt werden. Der Anführer sollte die Zielfindung und dessen Erfüllung stehts im Blick haben und seine Mitarbeiter dort hinführen. Außerdem ist es die Aufgabe des Teamleaders, stets ergebnisorientiert zu agieren. (Müller 2018, S. 20)

1.3.3 Diskussion – Gemeinsamkeiten und Unterschiede

Die Führung von virtuellen und „normalen" Teams ähnelt sich, ist jedoch auch geprägt von gewissen Unterschieden. Zunächst muss der Teamleader Vertrauen schaffen, nicht nur für die Mitglieder unter sich, sondern auch zu ihm selbst. Die Zielorientierung ist auch ein wichtiger Faktor, da sie das Team durch ein gemeinsames Ziel zusammenschweißt. Ziele müssen gemeinsam erarbeitet werden und vor allem auch terminiert sein, damit auch einzelne Erfolge gewürdigt werden können. Wenn die Arbeitsphase beginnt, geht es häufig um Feedback und Kontrolle, um so den Arbeitsfortschritt und auch die Zusammenarbeit stetig zu verbessern. Das Präsentieren der Erfolge wirkt sich ebenso auf virtuelle wie auch auf „normale" Teams motivationsfördernd aus. (Fajen 2018, S. 149)

Im Folgenden wird näher auf die Unterschiede zwischen virtuellen und „normalen" Teams eingegangen.

Unterschiedliche Kommunikationswege

Eine Führungskraft in normalen Teams kann meist auf die Face-to-Face Kommunikation zurückgreifen. Bei der Führungskraft von virtuellen Teams stellt sich die Kommunikation als größere Herausforderung dar. Der Führende hat verschiedene Wege eine reibungslose Kommunikation zu ermöglichen. Er hat vor allem Medien zur Interaktion in Echtzeit und zur verzögerten Interaktion zur Verfügung, welche einen hohen Grad an Flexibilität gewährleisten. (Fajen 2018, S. 80) Der Umgang mit diesen muss jedoch zunächst erlernt und effektiv gestaltet werden.

Unterschiedliche Kulturelle Aspekte

Eine Führungskraft virtueller Teams hat es verschärft mit Kulturunterschieden zu tun, da seine Mitarbeiter aus verschiedenen Kulturen aus der ganzen Welt kommen könne. Beispielsweise könnte ein Mitarbeiter aus Indien die deutsche Kultur nicht kennen und sie daher auch nicht verstehen. Innerhalb von Deutschland besteht z. B. eine hohe Partizipationserwartung, in Ländern wie Indien dagegen eine niedrige, was bei Nichtmiteinbeziehung in die Teamplanung zu Problemen führen kann. Dadurch muss der Umgang mit Kulturunterschieden sehr ernst genommen werden, um die einzelnen Mitarbeiter möglichst effektiv motivieren zu können. (Fajen 2018, S. 149)

2 Konfliktmanagement

Konflikte sind Teil unseres Lebens und treten ständig im privaten oder beruflichen Kontext auf. Damit diese Konflikte nicht eskalieren, sondern gelöst werden können, gibt es das Konfliktmanagement. Im Folgenden wird zunächst der Begriff Konflikt definiert, anschließend dessen Folgen beleuchtet und Handlungsempfehlungen generiert.

2.1 Definition von Konflikten nach Staehle

Staehle ist der Ansicht, dass Konflikte grundsätzlich sowohl im privaten als auch im beruflichen Umfeld auftauchen können. Sie tauchen überall auf, sei es im Unternehmen oder bei den Stakeholdern. Bei einem Konflikt haben mindestens zwei Parteien konkurrierende Ziele und handeln in gegenseitiger destruktiver Weise. Dies bezieht sich nicht nur auf die Interaktion miteinander sondern auch auf die Handlungen der Parteien. (Wand 2019, 25 - 26)

2.1.1 Folgen von Konflikten

Besteht ein ungelöster Konflikt zwischen zwei Mitarbeitern, kann das erhebliche Folgen nach sich ziehen. Arbeiten die Kollegen nicht mehr richtig zusammen, kommt es zu ineffizienten Arbeitsprozessen und erhöhter Stressbelastung. Dies führt dann zu Krankheitszeiten oder Spaltung des Teams, was sich im schlimmsten Fall zu einer hohen Mitarbeiterfluktuation entwickeln könnte. (Kock et al. 2019, S. 115)

2.2 Das Phasenmodell nach Glasl

Um zu erfahren, an welchem Punkt der Eskalation man sich befindet, gibt es das Phasenmodell nach Glasl. Die Eskalation entwickelt sich in vier Stufen. Zunächst verhärtet sich der Konflikt und wird zu einer meist hitzigen Debatte. Daraufhin folgen Taten statt Worte und der Aufstieg in die zweite Ebene der Eskalation. Hierbei werden Koalitionen gebildet, was bedeutet, dass Unbeteiligte in den Konflikt mit einbezogen werden. Schließlich versucht man, das Image des Kontrahenten zu zerstören und durch Drohstrategien den „Gegner" zur Aufgabe zu bewegen. Gelingt dies nicht, sieht man sich in der dritten Ebene wieder. Bei der begrenzten Vernichtung wird versucht, dem Gegenüber aktiv den größten möglichen Schaden zuzufügen. Zu guter Letzt wird die eigene Vernichtung akzeptiert, solange die Gegenpartei auch vernichtet wird. (Kock et al. 2019, S. 116–120)

2.3 Die Harvard-Verhandlungsmethode

In einem positionsbezogenen Konflikt nehmen beide Verhandlungspartner eine Position ein, die es vor seinem Gegner zu verteidigen gilt. Mittels der Havard-Methode soll der Konflikt von der positionsbezogenen Verhandlung in eine sachbezogene umgewandelt werden. Die erfolgt durch die vier Grundprinzipien der Harvard-Verhandlungsmethode.

Das erste Grundprinzip besagt, dass Menschen und Sachfragen getrennt zu betrachten sind. Danach versucht man gemäß des zweiten Grundprinzips die meist verhärtete Position zu verlassen und das dahintersteckende Interesse zu ergründen. Das dritte Prinzip fordert verschiedene Entscheidungsoptionen, um so das vierte Prinzip zu ermöglichen. Dieses besagt, dass die Ergebnisse nun objektiv betrachtet werden sollten und somit ein Kompromiss entstehen sollte. (Rogowski 2020, S. 33–34)

Diese vier Prinzipien sollen nun anhand eines Beispiels näher erläutert werden. In dem Beispiel geht es um einen Mitarbeiter, der von seinem Chef eine Lohnerhöhung fordert. Damit dies gelingt wendet er die Harvard-Verhandlungsmethode an. Im ersten Schritt bleibt er fair zu seinem Chef als Person und versucht, persönliche Gefühle nicht in die „Verhandlung" mit einfließen zu lassen. Er besteht nach erstmaliger Ablehnung seines Anliegens darauf, dass er mehr Geld benötigt. Nun gilt es zu ergründen, wozu der Mitarbeiter die Lohnerhöhung benötigt. Im Gespräch offenbart sich, dass der Mitarbeiter Nachwuchs erwartet und sich ein Haus kaufen möchte. Im dritten Schritt geht man auf die Suche nach Handlungsoptionen wie z. B. einen kostengünstigen Firmenkredit oder Hilfe bei der Verhandlung um den Kaufpreis. Schlussendlich kann man sich im vierten Schritt auf eine Lösung einigen, die beide Verhandlungspartner zufrieden stellt. In unserem Beispiel könnte es sein, dass die gewünschte Lohnerhöhung wegen mangelnder Auftragslage gering ausfällt, der Mitarbeiter jedoch sein Haus über einen Firmenkredit finanzieren kann.

2.4 Die Transaktionsanalyse

Die Transaktionsanalyse ist ein Instrument zur Konfliktlösung. Hierbei gilt die Kontaktaufnahme als Angebot (Stimulus), indem Person A ein Angebot unterbreitet und Person

B darauf reagiert. Die Transaktionsanalyse ist dabei eingebettet in die Theorien der Unterschiedlichen Ich-Zustände. Die Kommunikation wird hierbei nicht in ihrer Gesamtheit betrachtet, sondern in kleine Einheiten zerlegt, welche dann Stück für Stück untersucht werden können. Die Fähigkeit zu denken, zu entscheiden und Veränderungen selbständig vorzunehmen, wird als gegeben angesehen. (Berger 2018, S. 163)

2.4.1 Die Ich-Zustände

In der Transaktionsanalyse geht man davon aus, dass sechs funktionale Ich-Zustände existieren. Diese können unabhängig vom Alter der Person jederzeit eingenommen werden. Die verschiedenen Ich-Zustände sollen im Folgenden kurz beschrieben werden.

a) Das kritische Eltern-Ich wirkt ermahnend, belehrend und kontrollierend.

b) Das nährende Eltern-Ich steht für Fürsorglichkeit durch Lob, Hilfe und Schutz.

c) Das freie Kindheits-Ich ist spontan, neugierig und gefühlsbetont.

d) Das angepasste Kindheits-Ich ordnet sich unter und erfüllt die Verhaltenserwartungen.

e) Das rebellische Kindheits-Ich ist weigernd, aufbegehrend und tut genau das Gegenteil von dem was von ihm erwartet wird.

f) Das Erwachsenen-Ich sammelt Informationen, betrachtet Handlungsoptionen und wägt diese ab, um eine Entscheidung zu treffen. (Berger 2018, S. 168)

2.4.2 Transaktionsformen

Wie bereits oben erwähnt, handelt es sich bei Transaktionen um einzelne Kommunikationseinheiten, welche auf drei verschiedene Weisen auftreten. Diese Transaktionen können komplementär, gekreuzt oder verdeckt angewendet werden. Diese unterschiedlichen „Reaktion"-Formen sollen nun kurz erläutert werden. (Berger 2018, S. 170–176) Bei der komplementären oder auch Paralleltransaktion erfolgt eine Transaktion zwischen zwei gleichen Ich-Zuständen (siehe Abbildung 1). Person A stellt eine Frage im erwachsenen Ich-Zustand und bekommt auch eine Antwort von Person B im selben Zustand.

Dies kommt vor allem bei objektiven Fragestellungen (wie z. B. nach der Uhrzeit) vor. (Berger 2018, S. 170–176)

Die gekreuzte Transaktion wird häufig genutzt, um eine Unterhaltung zu beenden. Dabei wird die Anfrage nach Informationen von Person A durch Person B mit einer aggressiven oder „abwimmelnden" Information beantwortet (siehe Abbildung 1). Dies beendet dann die Transaktion. Ein Beispiel, das jeder kennt, wäre die Frage, wann das Essen fertig ist. Diese wird vom Gegenüber mit dem Satz, „wenn es fertig ist" beantwortet. Somit ist die Transaktion beendet. (Berger 2018, S. 170–176)

Bei einer verdeckten Transaktion wird zwar oberflächlich vorgegeben, dass eine komplementäre Transaktion besteht. In Wahrheit handelt es sich jedoch um zwei verschiedene Ich-Zustände, die miteinander kommunizieren wie beispielsweise um eine Vater-Sohn-Beziehung (siehe Abbildung 1). Dieser Transaktionstyp kommt häufig bei der Ironie zum Einsatz. (Berger 2018, S. 170–176)

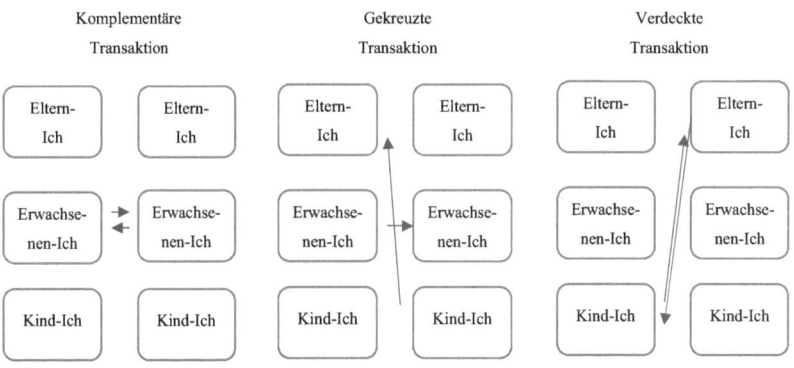

Abbildung 1: Transaktionsformen in der Transaktionsanalyse, in Anlehnung an Berger, 2018

2.5 Der Konflikt

Anhand eines Beispiels wird nun die Konfliktbewältigung in der Praxis näher beleuchtet. Es geht um zwei Kollegen, die einen ungeklärten Konflikt haben und bereits jegliche

Kommunikation verweigern. Sie befinden sich somit in der zweiten Stufen der Eskalation wie oben bereits besprochen. (Kock et al. 2019, S. 116–120)

Dieser Konflikt soll nun durch den Vorgesetzten gelöst werden, der beide Konfliktparteien zu einem Gespräch einlädt. Durch eine Intervention soll es nun ermöglicht werden, dass sich die beiden Parteien auf einen gemeinsamen Kompromiss einigen. (Kuster et al. 2019, S. 424)

2.5.1 Der Prozess der Konfliktbewältigung

Die Lösung dieses Konfliktes verläuft durch einen Prozess, der drei Schritte umfasst. Diese werden im Folgenden näher erläutert.

Schritt 1: Personen zur Konfliktlösung bewegen

Zunächst ist es notwendig, dass die Konfliktparteien die subjektive Störung des Konflikts wahrnehmen. Dadurch kann es ihnen leichter fallen, den Konflikt aufzulösen. Eine wichtige Vorrausetzung ist die Bereitschaft, den Konflikt zu lösen. Um dies zu ermöglichen, sollten die Personen ihre Erregung kontrollieren. Dies kann unter anderem durch die Hilfe eines Moderators im Einzelgespräch gelingen. (Kuster et al. 2019, S. 455–457) Ziel des ersten Schrittes ist es, die Parteien zu moderieren, an den Verhandlungstisch zu bringen und sie dazu bewegen sich helfen zu lassen.

Schritt 2: Beziehungen deutlich machen und verbessern

Im nächsten Schritt soll das Vertrauen der Parteien erneuert werden. Hierfür ist es zielführend, wenn die Person, welche die „Verhandlung" leitet, bei beiden Parteien im Vertrauen steht. Dadurch können diese sich öffnen und ihre Vorstellungen und Empfindungen kommunizieren. (Kuster et al. 2019, S. 458)

Nach der Harvard-Verhandlungsmethode wäre jetzt der Zeitpunkt gekommen, nicht länger die Person als Problem zu betrachten, sondern zur Sachebene zu finden. Dadurch wird es den Parteien möglich, die Person fair zu behandeln, jedoch weiterhin auf ihre Sache zu bestehen. (Rogowski 2020, S. 33–34) Es ist auch möglich, die Transaktionsanalyse hervor zu holen und aufzuzeigen, welche Ich-Zustände miteinander kommunizieren, wieso diese aktiv werden und Alternativen vorzuschlagen. (Berger 2018, S. 168) In diesem Schritt sollte eine offene Kommunikation ermöglicht werden. Das zuvor wiedergewonnene Vertrauen kann nun genutzt werden, um wie die Harvard-Verhandlungsmethode uns zeigt, von der Position abzulassen und das dahinterstehende Interesse mitzuteilen. (Rogowski 2020, S. 33–34) Dieser Prozess sollte dann möglichst mit dem Erwachsenen-Ich kommuniziert werden. (Berger 2018, S. 168)

Schritt 3: Probleme besprechen, Vereinbarungen treffen

Nun sollten die Verhandlungsparteien dazu fähig sein, ihre Probleme weiter zu besprechen und mögliche Lösungen heraus zu arbeiten. Dabei geht es zunächst erst einmal um die Anhäufung möglichst vieler Optionen. (Rogowski 2020, S. 33–34) Dabei kann es häufig zu Re-Definitionen kommen, die es zu erkennen gilt. (Berger 2018, S. 181) Ziel ist es hierbei eine Win-Win-Situation hervorzurufen, damit beide Parteien zufrieden sind und sich der Konflikt auflösen kann. Dazu wird objektiv innerhalb des Erwachsenen-Ichs verhandelt, um mit neutralen Beurteilungskriterien eine Einigung zu finden. (Rogowski 2020, S. 33–34)

3 Workshops – Ein inhaltliches und methodisches Workshopkonzept

Workshops kennt man vor allem aus dem beruflichen Leben. Diese Form der Gruppenarbeit verfügt über einiges an Potential, um Problemstellungen zu lösen. Zunächst soll der Begriff Workshop näher definiert werden. Danach werden wichtige Aspekte zum Thema Workshop abgearbeitet und die Phasen eines Workshops genauer erläutert.

3.1 Definition Workshop

Ein Workshop ist ein Kurs, in dem sowohl Informationen durch Vorträge weitergegeben werden als auch interaktiv gearbeitet wird. Dabei fokussiert sich die interaktive Arbeit auf die Lösung eines vorgegebenen Problems und wird spezifisch auf die Zuhörer zugeschnitten. Es bieten sich hierbei Vortermine an, um die Inhalte, die Agenda und den Rahmen zu besprechen. Dabei kann sichergestellt werden, dass sowohl alle Teilnehmer dabei sind, die benötigt werden, jedoch keine, die nicht benötigt werden. Er wird hauptsächlich im kleinen Kreis gehalten und kann zwischen einem halben und zwei Tagen dauern. (Groß 2018, S. 5–7)

3.2 Die Vorbereitung auf einen Workshop

Zunächst wird eine Einladung verschickt, in der ein Termin verarbeitet ist, der sich für alle Teilnehmer angenehm erreichen lässt. In der Einladung sollten auch Themen wie Verpflegung und Lokation geklärt werden. Der Raum spielt vorab eine große Rolle, da hier vorab Dinge wie Größe, Ausstattung und Verfügbarkeit geklärt werden sollten. (Kusay-Merkle 2018, S. 294–295)

Vor Beginn des Workshops sollten alle Materialien bereitstehen. Dazu gehören Haftnotizen und Stifte, um Ideen zu sammeln, eine Pinnwand oder Laptop mit Beamer, Poster Kleber und Klebepunkte, um über die diskutierten Themen abzustimmen. (Kusay-Merkle 2018, S. 295–296)

Vor dem Workshop sollte man eine Teilnehmeranalyse durchführen, was die Gruppeneinteilung erleichtert. Dabei sollte man sich bewusst machen, ob man lieber in Kleingruppen oder in größeren Teilgruppen arbeiten lässt. Eine zufällige Gruppeneinteilung gewährleistet hierbei die Fairness. (Kusay-Merkle 2018, S. 299)

Innerhalb der Gruppen sollte sowohl das Ziel der Gruppenarbeit als auch die Aufgabenstellung und der Zeitrahmen klar definiert werden. Bestenfalls werden diese Informationen während der gesamten Zeit deutlich visualisiert. (Kusay-Merkle 2018, S. 300–301)

3.3 Zeitmanagement in Workshops

Zunächst wird der zeitliche Rahmen für die einzelnen Themen definiert. Diese ergeben sich aus der Gesamtdauer des Workshops, dem Skript oder durch vorherige Testläufe des

Workshops. (Groß 2018, S. 35–36) Da die Zeit ein relevanter Faktor ist, sollten die Gruppenmitglieder eine gut einsehbare Uhr im Raum haben. Es sind auch Hinweise zur verbleibenden Zeit durch den Moderator möglich. (Kusay-Merkle 2018, S. 296–297)

Die genau Zeitplanung ist in der Anfangsphase des Workshops wesentlich einfacher. Hierbei wird die Zeit für das Ankommen im Raum und der Erstellung einer Themensammlung präzise berechnet. Auch das Sammeln und Auswählen einzelner Themen kann gut kalkuliert werden. (Groß 2018, S. 295) Betrachtet man den Zeitplan eines Workshops, sollten die folgenden Regeln eingehalten werden. Zeiteinteilungen werden großzügig und flexibel geplant. Mit einkalkuliert werden auch spontan hinzukommende und verworfene Themen. Zu guter Letzt müssen Pausen sorgsam mit eingeplant werden, um die Konzentrations- und Leistungsfähigkeit der Gruppen aufrecht zu erhalten. (Aktiv Kommunal 2019, S. 8)

3.4 Troubleshooting

In Workshops kann es häufig zu verschiedenen Problemen kommen. Meistens treten diese auf, wenn der Workshop nicht mehr nach Planung verläuft. Möglicherweise weicht der Workshop vom Zeitplan ab oder unterliegt technischen Problemen. Auch Probleme hinsichtlich der Teilnehmer sind möglich. So könnte ein Teilnehmer destruktiv oder unruhig sein. Auf diesen muss dann speziell eingegangen werden, um ihn wieder „auf Spur" zu bringen. Problematisch können auch sogenannte Alphatiere sein, welche versuchen alles an sich zu reißen. Auf diese Probleme sollte man sich vorbereiten, um den Workshop durch alle Probleme hinweg zu einem guten Ende zu bringen. (Aktiv Kommunal 2019, S. 10)

3.5 Workshopmethoden die Spaß machen können

Ein Workshop kann man nach unterschiedlichsten Methoden aufbauen. Manche Methoden werden von den Anwendern als „trocken" oder „langweilig" bezeichnet. Im Folgenden geht es um Methoden, die Spaß machen können und somit produktiver sind.

Six Thinking Hats

Es handelt sich bei dieser Methode um eine Gruppendiskussion mit Rollenspiel. Sie eignet sich dafür, neue Sichtweisen einzunehmen und den kreativen Prozess anzustoßen. Im Aufbau gibt es sechs Rollen, welche die Teilnehmer einnehmen müssen. Im Einzelnen sind die Rollen analytisches Denken, emotionales Denken, kritisches Denken, Optimismus, Kreativität und die Vogelperspektive. Die vorgegebenen Aufgabenstellungen werden dann von den Mitgliedern anhand ihrer Perspektive diskutiert. Dabei können Gruppen gebildet werden, welche dann rotieren. (Chornaya 2019, S. 1)

World Café Methode

Diese Methode ist entspannt und spielerisch aufgebaut. Die Teilnehmer werden in Kleingruppen willkommen geheißen und an einzelne Tische gesetzt. Die Probleme werden dann in diesen Gruppen in Runden mit 20 Minuten besprochen. Nach jeder Runde verweilt ein Gastgeber an dem Tisch und die anderen Mitglieder der Kleingruppe wechseln an einen anderen Tisch. Der Gastgeber erörtert nun die vorhin diskutierten Ergebnisse mit den neuen Tischnachbarn. Diese werden hierbei kontrolliert und weiterentwickelt. (Chornaya 2019, S. 1)

Open Space Methode

Diese Methode eignet sich vor allen Dingen für große Gruppen und Brainstorming mit offenen Themenformaten. Die Teilnehmer finden sich hierbei nach Ansätzen oder Themen zusammen und Erarbeiten eine Lösung für das gestellte Problem. Danach werden die Ergebnisse von dem jeweiligen Gruppenleiter vorgetragen. (Chornaya 2019, S. 1)

3.6 Verhaltensregeln

Bevor der Workshop beginnen kann, ist es notwendig, einige Verhaltensregeln aufzustellen, damit dieser reibungslos verlaufen kann. Ein möglicher Regelkatalog soll im Folgenden kurz dargestellt werden.

Regel 1: Der Erfolg hängt nicht rein vom Moderator ab. Jeder ist dafür selbst mitverant-
wortlich und trägt den Erfolg oder die Niederlage mit.

Regel 2: Störungen sollten ernst genommen werden, da diese Zeichen für abschweifende
Konzentration oder Notwendigkeit einer Pause sein können.

Regel 3: Es ist darauf zu achten, dass immer nur eine Person redet und Seitengespräche
unterbunden werden. Diese können entweder interessante Beiträge oder reine Störungen
beinhalten. Dies gilt es jedoch im Einzelfall abzuklären.

Regel 4: Einzelne Teilnehmer sollten nicht für eine Gruppe sprechen, sondern immer nur
für sich selbst, da es sich in der Gruppe um reine Individuen handelt.

Regel 5: Kommentare zu den Anwesenden sollten immer auch direkt besprochen werden
und nicht über eine dritte Person.

Regel 6: Jeder lässt den anderen ausreden und versucht dem anderen auf eine respektvolle
Weise zuzuhören, damit keine Beiträge ignoriert werden.

Regel 7: Keiner sollte Angst davor haben, die eigene Meinung zu sagen.
Regel 8: Der Workshop ist eine vertrauliche Atmosphäre. Daher werden Dinge, die hier
besprochen werden, nicht nach außen getragen.

Die Regelungen sollten den Teilnehmern und dem Moderator helfen, einen produktiven
und effektiven Workshop zu erleben. (Kusay-Merkle 2018, S. 305–307)

3.7 Die sechs Phasen der Moderation

Jeder Workshop verläuft in unterschiedlichen Phasen. Der Ansatz von Kusay-Merkle soll
im Folgenden kurz beschrieben werden.

In der ersten Phase steht der Einstieg, wobei jeder Teilnehmer begrüßt wird und erst einmal ankommen darf. Hierbei kann man bereits einige Erwartungen der Teilnehmer klären

sowie Ideen zum Thema des Workshops sammeln. In der zweiten Phase geht es um eine intensive Themensammlung, welche in dem Workshop behandelt werden soll. Wichtig ist, dass hierbei jeder zu Wort kommt und somit keiner ausgeschlossen wird. Die Ergebnisse werden dann im Weiteren visualisiert. Diese Fülle an Themen wird dann von den Teilnehmern bewertet und ggf. werden einige Themen ausgesondert. In der dritten Phase werden die Themen gewichtet und in Reihenfolge gebracht. Dies wird demokratisch durch eine Abstimmung durchgeführt. In der vierten Phase werden die Themen der Reihe nach abgearbeitet und entsprechend visualisiert. Dem folgt die fünfte Phase, in der überlegt wird, wie die Erkenntnisse nun in die Praxis umgesetzt werden können. Dazu gehört auch die Klärung von Verantwortlichkeiten und des Zeitrahmens. Die sechste und letzte Phase dient dann der Bewertung und Weiterentwicklung des Workshops. Hier können Fragen nach der Stimmung im Workshop gestellt werden. Es sollte aber auch geklärt werden, ob alle Themen ausreichend behandelt wurden und was es für Verbesserungspotentiale gibt. Im Rahmen der sechsten Phase sollte die Gruppe sich auch Zeit nehmen, um den Erfolg des Workshops zu feiern und anzuerkennen.(Kusay-Merkle 2018, S. 287)

3.8 Abschluss – Die Nachbereitung

Wie in den meisten Fällen kommen der Reflektion und Nachbereitung ein besonderer Stellenwert zu. Daher sollte man für die Nachbereitung genügend Zeit mit einplanen. Hierbei werden die Lösungen des Workshops protokolliert und jedem Teilnehmer zugänglich gemacht. Mögliche Folgeaufgaben sollten fair nach Zuständigkeit oder Kompetenzen mit angemessenem Zeitrahmen vergeben werden. Zuletzt gilt es den Teilnehmern den nächsten etwaigen Termin mitzuteilen. (Kusay-Merkle 2018, S. 304–305)

Literaturverzeichnis

Aktiv Kommunal (2019): Ist-Prozesse aufnehmen. Workshop-Konzept vorbereiten. Hg. v. Aktiv Kommunal. Online verfügbar unter https://www.aktiv-kommunal.de/wp-content/uploads/2019/09/6_1_Workshopkonzept_vorbereiten.pdf, zuletzt geprüft am 07.02.2020.

Arenberg, Petra (2016): Teamentwicklung. Riedlingen.

Berger, Peter (Hg.) (2018): Praxiswissen Führung. Berlin, Heidelberg: Springer Berlin Heidelberg.

Chornaya, Jenia (2019): 5 effektive Workshop Methoden die außerdem Spaß machen. Hg. v. Eventbrite.de. Online verfügbar unter https://www.eventbrite.de/blog/effektive-workshop-methoden/, zuletzt geprüft am 07.02.2020.

Fajen, Annalena (Hg.) (2018): Erfolgreiche Führung multikultureller virtueller Teams. Wiesbaden: Springer Fachmedien Wiesbaden (mir-Edition).

Groß, Christoph (2018): Software in Workshops perfekt präsentieren. Wiesbaden: Springer Fachmedien Wiesbaden.

Kock, Stephan F.; Davidenko, Claudia; Demuth, Sabine; Korkisch, Frauke; Stefanowsky, Tatjana (Hg.) (2019): Wir müssen reden. Wiesbaden: Springer Fachmedien Wiesbaden.

Kusay-Merkle, Ursula (Hg.) (2018): Agiles Projektmanagement im Berufsalltag. Berlin, Heidelberg: Springer Berlin Heidelberg.

Kuster, Jürg; Bachmann, Christian; Huber, Eugen; Hubmann, Mike; Lippmann, Robert; Schneider, Emil et al. (Hg.) (2019): Handbuch Projektmanagement. Berlin, Heidelberg: Springer Berlin Heidelberg.

Lauer, Thomas (Hg.) (2019): Change Management. Berlin, Heidelberg: Springer Berlin Heidelberg.

Müller, Sandra (2018): Virtuelle Führung. Wiesbaden: Springer Fachmedien Wiesbaden.

Rogowski, Wolf (Hg.) (2020): Management im Gesundheitswesen. Wiesbaden: Springer Fachmedien Wiesbaden.

Stock-Homburg, Ruth; Groß, Matthias (Hg.) (2019): Personalmanagement. Wiesbaden: Springer Fachmedien Wiesbaden.

Wand, Theresa (2019): Organisation von Konfliktmanagementsystemen. Wiesbaden: Springer Fachmedien Wiesbaden.

BEI GRIN MACHT SICH IHR WISSEN BEZAHLT

- Wir veröffentlichen Ihre Hausarbeit, Bachelor- und Masterarbeit

- Ihr eigenes eBook und Buch - weltweit in allen wichtigen Shops

- Verdienen Sie an jedem Verkauf

Jetzt bei www.GRIN.com hochladen und kostenlos publizieren